Bunnies' ABC

Illustrated by Garth Williams

A GOLDEN BOOK • NEW YORK

randomhouse.com/kids
Educators and librarians, for a variety of teaching tools, visit us at
RHTeachersLibrarians.com
Library of Congress Control Number: 2014931425
ISBN 978-0-385-39128-3
Printed in the United States of America
10 9 8 7 6 5 4 3 2 1

Aa

for alligator

Bb

for bear

Cc

for cat

Dd

for deer

Ee

for ermine

Ff

for fish

Gg

for giraffe

Hh

for horse

Ii

for ibis

Jj

for jaguar

Kk

for kangaroo

Ll for ladybug

Mm for mouse

Nn for nightingale

Oo for ostrich

P p for panda

Qq

for quail

Rr for rooster

Ss

for seal

Tt   for turtle

Uu
for unicorn

Vv
for vulture

Ww

for walrus

Xx

for xenurus

Yy

for yak

Zz

THE
END

for zebra